Contenido

Todo sobre Marte

A unos 140 millones de millas (225 millones de km) de la Tierra hay un planeta rojo y rocoso llamado Marte.

LIGHTNING BOLT BOOKS™ en español

Explora Marte

Jackie Golusky

ediciones Lerner ◆ Mineápolis

PAGE PLUS

¡Escanea el código QR en la página 21 para ver Marte en 3D!

ediciones Lerner
Una división de Lerner Publishing Group, Inc.
241 First Avenue North
Mineápolis, MN 55401, EE. UU.

Si desea averiguar acerca de niveles de lectura y para obtener más información, favor consultar este título en www.lernerbooks.com.

Fuente del texto del cuerpo principal: Billy Infant regular.
Fuente proporcionada por SparkType.

Library of Congress Cataloging-in-Publication Data

Names: Golusky, Jackie, 1996- author.
Title: Explora Marte / Jackie Golusky.
Other titles: Explore Mars. Spanish
Description: Mineápolis : Ediciones Lerner, [2024] | Series: Lightning bolt books en español | Translation of Explore Mars, originally published in 2021. | Includes bibliographical references and index. | Audience: Ages 6-9 | Audience: Grades 2-3 | Summary: "After Earth, Mars is the most explored planet in our solar system. Rovers travel across its surface to find out answers to scientists' questions. What is Mars like? Did it ever have life? Learn all about this strange world next door! Access a downloadable 3D printer model from NASA via Page Plus QR codes. Now in Spanish!"— Provided by publisher.
Identifiers: LCCN 2023019249 (print) | LCCN 2023019250 (ebook) | ISBN 9798765608173 (library binding) | ISBN 9798765623220 (paperback) | ISBN 9798765612255 (epub)
Subjects: LCSH: Mars (Planet)—Juvenile literature. | BISAC: JUVENILE NONFICTION / Science & Nature / Astronomy
Classification: LCC QB641 .G67318 2024 (print) | LCC QB641 (ebook) | DDC 523.43—dc23/eng/20230815

LC record available at https://lccn.loc.gov/2023019249
LC ebook record available at https://lccn.loc.gov/2023019250

Fabricado en los Estados Unidos de América
2-1012046-51456-12/5/2024

Este diagrama muestra el orden de los planetas en el sistema solar.

A 1,5 unidades astronómicas (AU), Marte es el cuarto planeta desde el Sol. Una AU tiene 93 millones de millas (150 millones de km), aproximadamente la misma distancia desde el Sol hasta la Tierra.

Marte está compuesto por metal y roca. Su color rojizo proviene del hierro y el oxígeno presentes en su superficie. Con el tiempo, el hierro se oxida a causa del oxígeno.

El vehículo explorador de la NASA Curiosity toma una fotografía en la que se ve el suelo rojo de Marte.

Marte tiene un radio de 2106 millas (3390 km), mientras que el de la Tierra es de 3959 millas (6371 km). Eso significa que Marte tiene poco más de la mitad del ancho de la Tierra.

Marte y la Tierra (*izquierda*) en escala

La órbita de Marte es un óvalo alrededor del Sol. Su órbita puede acercarlo a la Tierra, lo que hace que parezca muy brillante en el cielo nocturno.

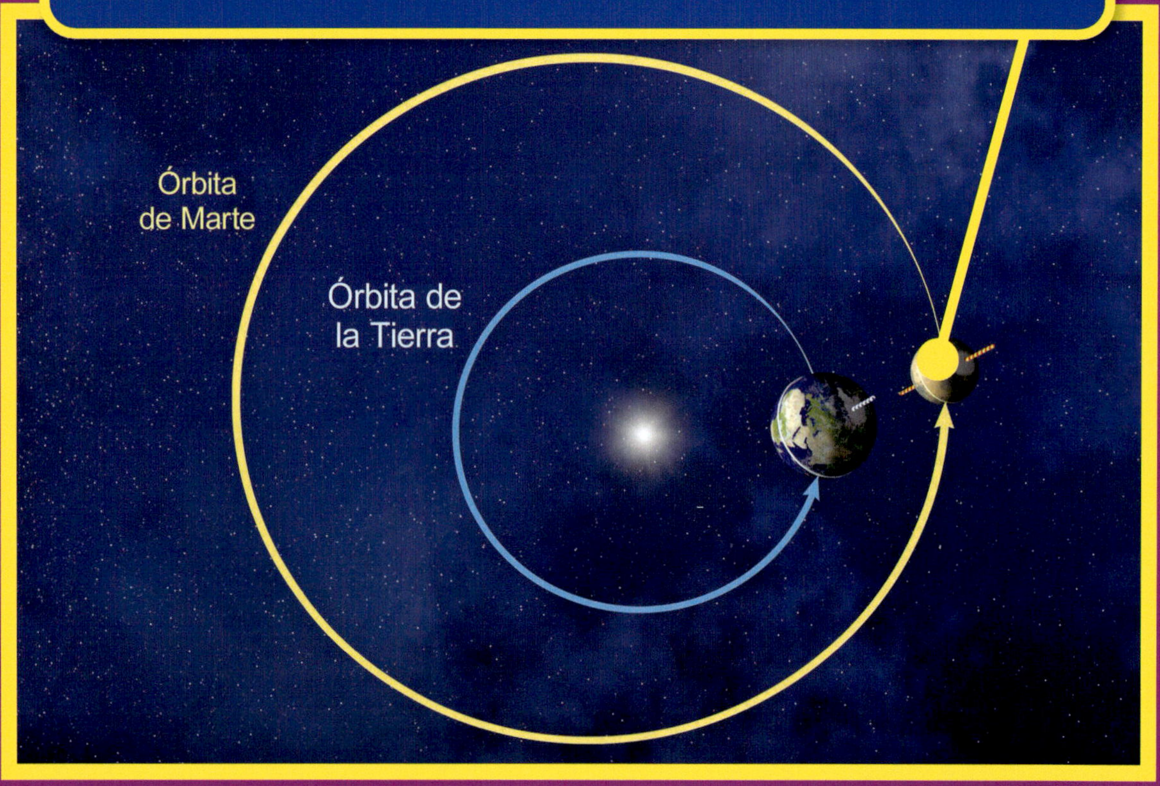

Marte orbita el Sol con un recorrido con forma ovalada. A Marte le lleva 687 días de la Tierra completar una órbita. Esto es casi el doble de lo que le lleva a la Tierra.

La atmósfera es una capa de gas que rodea un planeta. La atmósfera de Marte es muy delgada. No mantiene bien el calor. El frío de Marte puede llegar a los −225 °F (−143 °C).

La atmósfera de Marte no está compuesta por los mismos materiales que la de la Tierra. No podrías respirar el aire de Marte.

Las lunas de Marte

Fobos y Deimos son las dos lunas de Marte. Tienen la forma de una papa y están entre las lunas más pequeñas del sistema solar.

Fobos tiene aproximadamente dos veces el tamaño de Deimos y tiene muchos cráteres. Deimos es más lisa y tiene mucho polvo.

Esta imagen muestra una nave espacial que la NASA y Japón desean enviar para estudiar Fobos y Deimos.

La vida en Marte

Como la Tierra, Marte está inclinado sobre un eje. Esta inclinación le da a Marte sus estaciones. En el verano, poderosas tormentas de polvo pueden alcanzar velocidades de hasta 66 millas (106 km) por hora. Estas tormentas pueden durar meses.

Este diagrama muestra como cuando comienza el otoño en Marte, la Tierra ya ha experimentado el otoño y parte del invierno.

Como a Marte le lleva más tiempo orbitar el Sol, sus estaciones son más largas que las de la Tierra. Cada estación de la Tierra tiene aproximadamente 90 días, mientras que la estación más corta de Marte tiene aproximadamente 142 días.

La superficie de Marte está cubierta de volcanes, montañas y barrancos. El planeta tiene el volcán más grande de nuestro sistema solar. Este volcán, el Monte Olimpo, es tres veces más alto que el Monte Everest.

El cráter Bácolor está situado en la mitad norte de Marte. Con unas 12 millas (20 km) de ancho, ¡es más grande que Washington, DC!

Marte tiene más de 635 000 cráteres por impactos. Los cráteres se crearon por meteoros que golpearon el planeta.

Estudiar a Marte

Después de la Tierra, Marte es el planeta más explorado del sistema solar. Seis naves espaciales orbitan Marte, y tres naves espaciales recorren su superficie.

Dos científicos parados al lado de los vehículos exploradores de la NASA antes de su lanzamiento al espacio.

Los científicos creen que Marte podría tener agua líquida. En 2003, la NASA lanzó dos vehículos exploradores a Marte para descubrirlo. Si hubiera agua líquida en Marte, el planeta podría albergar vida.

Perseverance es un vehículo explorador que está estudiando Marte. Su lanzamiento fue en 2020, y está juntando muestras del polvo y del suelo para saber más acerca del planeta.

Perseverance está cubierto de equipamiento científico. ¡Es como un laboratorio en movimiento!

Es probable que un día los astronautas caminen sobre Marte.

Los astrónomos continúan aprendiendo más sobre el planeta vecino de la Tierra, Marte.

Datos sobre los planetas

- La atmósfera de Marte es cien veces más delgada que la atmósfera de la Tierra.
- Marte tiene canales secos semejantes a ríos cuya apariencia hace pensar que alguna vez tuvieron agua.
- El planeta lleva el nombre del dios romano de la guerra.

Historia espacial

Marte puede verse sin un telescopio. Las personas han estado estudiando Marte durante más de cuatro mil años. Los antiguos egipcios siguieron los movimientos del planeta en el cielo. Llamaron a Marte Har Decher, que significa *el rojo*. También observaron a Mercurio, Venus, Júpiter y Saturno. Los babilonios, los antiguos griegos y los romanos también estudiaron a Marte.

¡Escanea el código QR a la derecha para ver a Marte en 3D!

Glosario

atmósfera: capa de gas que rodea un planeta

cráter: un agujero grande y circular creado por un meteoro

eje: una línea imaginaria que atraviesa un objeto, alrededor de la cual el objeto rota

meteoro: un pedazo de roca que vuela por el espacio exterior

órbita: un recorrido que sigue un objeto en su movimiento alrededor de otro

radio: la mitad de la distancia que atraviesa un círculo

unidad astronómica (AU): la distancia entre el Sol y la Tierra

vehículo explorador: una máquina que explora la superficie de otro planeta

Más información

Golusky, Jackie. *Explora la Tierra*. Mineápolis: ediciones Lerner, 2024.

Lawrence, Ellen. *Living on Mars*. Nueva York: Bearport, 2019.

NASA Space Place: All about Mars
https://spaceplace.nasa.gov/all-about-mars/en/

NASA Space Place: Explore Mars—A Mars Rover Game
https://spaceplace.nasa.gov/explore-mars/en/

NASA Space Place: The Mars Rovers
https://spaceplace.nasa.gov/mars-rovers/en/

Sommer, Nathan. *Mars*. Mineápolis: Bellwether Media, 2019.

Índice

Créditos por las fotografías

Créditos de las imágenes: NASA/JPL/USGS, p. 4; WP/Wikimedia Commons (CC BY-SA 3.0), p. 5; NASA/JPL-Caltech/MSSS, p. 6; NASA/JPL, p. 7; NASA, pp. 8, 9, 10, 13; JAXA/NASA, p. 11; NASA/JPL-Caltech/Universidad de Arizona, p. 12; ESA/DLR/FU Berlin/J. Cowart (CC BY-SA 3.0 IGO), p. 14; NASA/JPL-Caltech/ASU, p. 15; JPL/NASA/ESA, p. 16; NASA/JPL/Thomas "Dutch" Slager, p. 17; NASA/JPL-Caltech, p. 18; NASA/JSC por Pat Rawlings (SAIC), p. 19.

Portada: NASA/JPL-Caltech.